Ilka Köhler

Fächerübergreifend unterrichten: Die Ameise

Klasse 3 bis 4

Cornelsen

Die Autorin:

Ilka Köhler ist Bildungswissenschaftlerin sowie Sonder- und Entspannungspädagogin. Sie hat knapp 20 Jahre mit Kindern in Kita, Grund- und Förderschule gearbeitet. Inzwischen ist sie als freiberufliche Dozentin für pädagogische Fachkräfte, Einrichtungen und Führungspersonen tätig.

Projektleitung: Maren Krüger, Berlin
Redaktion: Doreen Wilke, Berlin
Umschlagkonzept/-gestaltung: Corinna Babylon /Jule Kienecker, Berlin
Umschlag- und Layoutillustrationen: Cornelsen/Corinna Babylon /Jule Kienecker (kleine Ameisen im Hintergrund); Shutterstock.com/Oliver Denker (bunte Ameisen mit Blättern)
Illustrationen Innenteil: Dorina Tessmann, Berlin
Layout: krauß-verlagsservice, Wassertrüdingen
Layoutanpassung/technische Umsetzung: Straive, Chennai

www.cornelsen.de

1. Auflage 2023

Druck: H. Heenemann, Berlin

ISBN 978-3-589-16888-0

PEFC
PEFC/04-31-1156

PEFC zertifiziert
Dieses Produkt stammt aus nachhaltig bewirtschafteten Wäldern und kontrollierten Quellen.

www.pefc.de

INHALTSVERZEICHNIS

VORWORT

Liebe Kolleginnen und Kollegen,

„Die eingebildete Amanda" ist eine Geschichte zum vielfältigen Lernen. Mit dem vorliegenden Heft können Sie Ihre Schülerinnen und Schüler in den Bereichen *Deutsch, Sachkunde* und *Sozialkompetenz* fördern und Wissen festigen.

Der Weg durch das Leben und die Schule ist für viele Kinder nicht einfach. Ihr sozialer Werdegang wurde durch ihr individuelles Umfeld geprägt und kollidiert häufig mit den Anforderungen der Gesellschaft. Besonders für diese Kinder ist es wichtig, sich als Teil der Gemeinschaft zu erfahren. Dazu gehören erlernte Kulturtechniken, aber auch ihre sozialen Interaktionen. Lehrkräfte und Schule spiegeln ihnen diese Gemeinschaft und unterstützen die Kinder bei der Entwicklung ihrer sozialen Fähigkeiten. Mit dem vorliegenden Projekt können Sie auf soziale Kompetenzen Ihrer Schülerinnen und Schüler spielerisch Einfluss nehmen.

Für die Themenbereiche *Deutsch* und *Sachkunde* finden Sie vorbereitete Kopiervorlagen, welche die Kinder selbstständig als komplettes Projekt bearbeiten können. Das Augenmerk liegt hier auf eigenständigem Arbeiten und richtiger Zeiteinteilung. Passend zu den Kopiervorlagen befindet sich unter *Weitere Materialien* ein Kontrollbogen (KV 31). Es besteht jedoch auch die Möglichkeit, jede Aufgabe bzw. Kopiervorlage unabhängig voneinander zu bearbeiten.

Der Themenbereich *Sozialkompetenz* ist ebenfalls praxisorientiert aufgebaut. Am Beginn jeder Seite finden Sie einen Bezug zu der Geschichte über Amanda. Es folgen Aspekte, welche Sie mit den Kindern z. B. im Kreis besprechen und diskutieren sollten. Vorzugsweise vereinbaren Sie dazu in der ersten Stunde Gesprächsregeln. Zu jeder der Sozialkompetenzaufgaben finden Sie außerdem eine passende praktische Übung. Unter *Weitere Materialien* befindet sich für den Bereich *Sozialkompetenz* ein zu den Übungen entwickelter Beobachtungsbogen (KV 32).

Ich wünsche Ihnen und Ihren Schülerinnen und Schülern viel Freude mit diesem Projekt!

Ihre Ilka Köhler

VoRBEMERKUNGEN

Für die Bearbeitung einiger Aufgabenstellungen benötigen die Kinder zusätzlich etwa zwei bis drei linierte Schreibblätter. Bitte heften Sie diese im Vorfeld mit in die Projektmappe ein.

Für die Partnerübungen bietet es sich an, dass das Partnerkind nach Beendigung der Aufgabe hinter der Seitenbezeichnung auf dem Kontrollbogen (KV 31) unterschreibt.

zu KV 1 „Die eingebildete Amanda": Die Geschichte können Sie kopieren und an die Kinder verteilen. Die Abschnitte, die für die Aufgaben im Bereich *Deutsch* benötigt werden, werden auf den Arbeitsblättern abgedruckt und können dort bearbeitet werden.

zu KV 10 „Freies Schreiben 1": Für das Erstellen der Wandzeitung benötigen Sie einen oder mehrere Bögen Tonkarton (DIN A3), dicke Filzstifte, evtl. Scheren, Klebstoff und Material zum Gestalten.

zu KV 19 „Die Aufgaben einer Arbeiterin": Um diese Aufgabe zu lösen, benötigen die Schülerinnen und Schüler evtl. ein Lexikon, ein Sachbuch über Ameisen oder einen Computer mit Internetzugang.

zu KV 20 „Die Nahrung der Ameisen": Zur Bearbeitung dieser Aufgabe ist ein Computer mit Internetzugang erforderlich.

zu KV 22 „Meine Stärken": Hierfür sollten Sie im Vorfeld ein Blatt vorbereiten, auf dem untereinander alle Namen der Klasse stehen, und es in Klassenstärke kopieren. Alternativ können die Kinder auch selbst alle Namen auf ein Blatt schreiben.

zu KV 26 „Gute Laune verbreiten": Gestalten Sie im Vorfeld für jeden Mitspieler einen Smiley, z. B. als Button zum Anstecken, oder bringen Sie Schminkfarbe und Abschminktücher mit.

Zu KV 27 „Gemeinsam sind wir stark": Halten Sie für diese Aufgabe ausreichend Schaschlikspieße bereit.

zu KV 28/1 „Gemeinschaftspuzzle 1": Die Schülerinnen und Schüler benötigen für diese Aufgabe die KV 28/2. Diese sollte mindestens auf DIN A3 hochkopiert werden. Wahlweise kann den Kindern die Vorlage gezeigt werden, sodass sie wissen, was sie herstellen, oder sie erhalten die Puzzleteile und erkennen erst beim Zusammensetzen, was sich als Gesamtbild ergibt.

Passend zum Thema „Vermeintliche Schwächen" kann im Unterricht auch die Geschichte „Der Osterhasenstreit" gelesen und vertont werden.

In: Ilka Köhler, Klanggeschichten für Kinder, BVK, ISBN 978-3-86740-236-1

Die eingebildete Amanda

Es war einmal eine Ameisenkönigin, die hatte den wunderschönen Namen Amanda. Aber Amanda war, wie wir Menschen sagen würden, eine eingebildete Ziege, oder auch eine blöde Kuh. Doch damit tun wir diesen beiden Tieren unrecht. Ziegen sind nicht eingebildet und Kühe nicht blöd. Aber Amanda war es. Sie war die Königin, die größte und schwerste Ameise im Bau, und nur sie bekam den Nachwuchs. Darauf bildete sie sich etwas ein. Und wie!

Das fanden zumindest all die fleißigen Arbeitsameisen, die jeden Tag die Nahrung heranschleppten, sich um den Ameisenbau kümmerten oder Amanda und den Nachwuchs versorgten. Fleißig taten sie ihre Arbeit. Tag für Tag. Doch Amanda hatte noch nie einer Arbeitsameise für ihre fleißige Hilfe gedankt oder sie gelobt. Immer hörten ihre Untertanen nur ihr Gemaule. Sie sagte ihnen sogar, was alles noch viel besser gemacht werden könnte. Niemals war sie zufrieden.

Neidisch blickte sie immer wieder zu dem Nachbarbau von Königin Amelie hinüber. Viel größer war der, und ihr schien es, als wären die Arbeiterinnen dort viel fleißiger. Außerdem wuchsen dort auch deutlich mehr Babys heran. Und jeder Untertan mehr konnte auch mehr arbeiten. Königin Amanda verstand das nicht. Schließlich aß sie selbst nur das beste und feinste Futter. Sie ließ nur den traurigen Rest für ihre Arbeiterinnen übrig. Wieso also bekam Amanda nicht mehr Babys?

Die Arbeitsameisen konnten vor Hunger kaum noch arbeiten. Ihr Magen knurrte den ganzen Tag. Deshalb waren sie auch nicht so stark wie die Arbeiterinnen von Königin Amelie und sie konnten weniger tragen. Auch beim Buddeln von Gängen für den neuen Bau waren sie nicht so schnell. Doch das verstand ihre Königin nicht. Sie dachte nur an sich und wollte unbedingt besser sein als Königin Amelie. Keiner konnte ihr etwas recht machen und alle wurden beschimpft.

Bei Königin Amelie wurden die fleißigen Arbeitsameisen gelobt, das beste Futter wurde gerecht aufgeteilt und für jeden Untertanen hatte sie ein freundliches Wort. Amelie kümmerte sich auch um die Probleme ihrer Untertanen. Sie wusste, wenn es den Arbeiterinnen gut ging, dann arbeiteten sie auch gerne und fleißig weiter. Freundliche Worte kannte Amanda überhaupt nicht. Sie kannte nicht einmal die Namen ihrer Untertanen. Zu jedem sagte sie einfach nur „Ey du!“.

Eines Tages trafen sich die Ameisen von Amanda und Amelie bei der Nahrungssuche. Erstaunt sahen die Ameisen von Königin Amanda, wie fröhlich, stark und schnell die fremden Arbeiterinnen waren. Traurig, müde und abgehungert zerrten sie selbst noch an einem Gummibärchen herum. Die fremden Ameisen schnappten sich einfach eines und flitzten davon. Andere Arbeiterinnen von Königin Amelie begannen inzwischen, sich mit den keuchenden Arbeiterinnen von Amanda zu unterhalten.

Amelies Ameisen konnten kaum glauben, was sie hörten. Sie waren sich einig, so konnte es nicht weitergehen. Ihr denkt jetzt vielleicht, na dann sollen doch einfach alle Ameisen von der ollen Amanda zu der netten Amelie krabbeln und dort wohnen und arbeiten. Aber ihr müsst wissen, die Ameisen sind ein sehr treues Volk. Keine verlässt jemals ihre Königin. Und wenn die Königin stirbt, sterben die Untertanen mit ihr.

Also brauchten Amandas Ameisen einen Plan. Lange überlegten sie und berieten sich mit ihren neuen Freunden. Zuerst einmal halfen die freundlichen Arbeitsameisen von Königin Amelie bei der Nahrungssuche. Dadurch hatten Amandas Arbeiterinnen nach dem Gefutter ihrer Königin noch etwas für sich übrig und waren endlich einmal wieder satt. So kamen sie nach und nach wieder zu Kräften.

Nur Königin Amanda hatte sich noch kein bisschen verändert. Sie nörgelte weiter und maulte vor sich hin. Noch immer konnte es ihr niemand recht machen. Plan zwei begann. Die Arbeitsameisen bemühten sich, besonders nett und liebenswürdig zu sein. Sie krabbelten nicht mehr mit traurigen Augen durch den Bau, sondern sie lächelten. Sie sangen schon am frühen Morgen ein Lied oder pfiffen vor sich hin. Auf alle Maulereien und Beschimpfungen ihrer Königin reagierten sie freundlich.

Die Ameisen ließen sich von Amandas schlechter Laune nicht mehr anstecken. Und die Königin verstand die Welt nicht mehr. Dieses Gelächter ging ihr auf die Nerven. Lieder wollte sie auch keine mehr hören. Diese gute Laune fand sie einfach furchtbar. Die Arbeiterinnen haben wohl noch zu viel Zeit für diesen Blödsinn, dachte sie. Amanda konnte nicht begreifen, dass die Arbeit mit guter Laune und Fröhlichkeit viel mehr Spaß macht und auch leichter geht.

Doch all ihr Gestänker und Gezeter half nichts. Ihre Untertanen blieben freundlich. Allerdings mussten die armen Arbeiterinnen sich so manches Mal wirklich große Mühe geben und sich sehr anstrengen, um nicht auf Königin Amandas unfreundliche Art genauso unfreundlich zu reagieren. Lange Zeit hatte Amanda allen mit ihrer schlechten Laune die Fröhlichkeit genommen und das wollten die Untertanen nicht noch einmal.

Nach und nach schien der Plan zu funktionieren. Amandas Laune besserte sich. Eine Ameise behauptete sogar, sie hätte in Amandas Gesicht ein Lächeln gesehen. Für viele ihrer Untertanen schien das undenkbar. Amanda und lächeln? Aber manche glaubten diese Geschichte. So wurde Amanda tatsächlich ab und an von einer kleinen Freundlichkeit ihrer Untertanen angesteckt und hörte kurz auf, zu maulen oder zu schimpfen.

Doch noch war die Stimmung längst nicht so gut wie in Königin Amelies Bau. Königin Amelie riet Amandas Arbeiterinnen, ein Fest zu veranstalten. Ein Fest zu Ehren Königin Amandas. Das sollte helfen? Verwundert blickten sich Amandas Untertanen an. Wozu? Amelie erklärte ihnen, dass Amanda dadurch bemerken würde, wie wichtig alle zusammen sind. Jeder ist etwas ganz Besonderes. Aber so etwas Großes wie einen Ameisenbau kann niemand allein schaffen.

Also gut. Amandas Untertanen beschlossen, ein Fest zu veranstalten. Heimlich wurde alles vorbereitet. Besonders leckere Nahrung wurde extra für das Fest beiseitegelegt. Musiker bauten neue Instrumente und komponierten Lieder. Ein großer neuer Festsaal wurde gegraben – mit einer Bühne für eine kleine Ansprache. Von all diesen aufwendigen Vorbereitungen bekam Amanda natürlich nichts mit. Sie war nach wie vor mit sich selbst beschäftigt.

Am Tag der großen Feier wurde Amanda von den fliegenden Männchen entführt und einfach hinab in den Saal geflogen. Schimpfend saß sie in ihrem Sitz. Doch als sie in den Saal hineinflogen, staunte Amanda. Sie ließ die Männchen noch zweimal über die versammelten Untertanen fliegen. Die Arbeiterinnen standen alle im Saal und riefen immer wieder: „Amanda, hoch lebe unsere Königin Amanda!“ Tränen der Freude standen in Amandas Augen.

Königin Amanda ließ sich auf der Bühne absetzen, hörte sich mit großem Interesse die Rede der Arbeiterinnen an und sprach danach selbst zu ihrem Volk. Sie hatte endlich erkannt, wie wichtig jeder Einzelne ist. Jeder hat seine Aufgaben, der eine sucht die Nahrung, ein anderer gräbt den Bau, und wieder andere sind für den Nachwuchs und seine Betreuung zuständig. Und zum ersten Mal in ihrem Leben sagte Amanda etwas, das keine einzige Ameise je geglaubt hätte.

Amanda bedankte sich. Sie bedankte sich bei all ihren Untertanen. Sie bedankte sich für deren fleißige Arbeit. Und sie entschuldigte sich für ihr Verhalten und versprach, von nun an nie wieder eine eingebildete Ziege oder eine blöde Kuh zu sein. Nach dieser Ansprache feierte der Ameisenbau von Königin Amanda ein großes Fest. Alle Ameisen feierten und aßen zusammen. Und zum ersten Mal war in ihrem Bau die Stimmung genauso fröhlich und zufrieden wie sonst nur bei Königin Amelie.

Ilka Köhler • Fächerübergreifend unterrichten: Die Ameise • Klasse 3–4 • Illustrationen: Dorina Tessmann

Diese Projektmappe wurde bearbeitet von:

Ilka Köhler • Fächerübergreifend unterrichten: Die Ameise • Klasse 3–4 • Illustrationen: Dorina Tessmann

Partnerlesen

Name: ______________________ Klasse: __________ Datum: __________

1. Suche dir ein Partnerkind und lies ihm den Text vor. Wenn du alles richtig gelesen hast, lässt du dir den Text von deinem Partnerkind vorlesen.

Es war einmal eine Ameisenkönigin, die hatte den wunderschönen Namen Amanda. Aber Amanda war, wie wir Menschen sagen würden, eine eingebildete Ziege, oder auch eine blöde Kuh. Doch damit tun wir diesen beiden Tieren unrecht. Ziegen sind nicht eingebildet und Kühe nicht blöd. Aber Amanda war es. Sie war die Königin, die größte und schwerste Ameise im Bau, und nur sie bekam den Nachwuchs. Darauf bildete sie sich etwas ein. Und wie!

Das fanden zumindest all die fleißigen Arbeitsameisen, die jeden Tag die Nahrung heranschleppten, sich um den Ameisenbau kümmerten oder Amanda und den Nachwuchs versorgten. Fleißig taten sie ihre Arbeit. Tag für Tag. Doch Amanda hatte noch nie einer Arbeitsameise für ihre fleißige Hilfe gedankt oder sie gelobt. Immer hörten ihre Untertanen nur ihr Gemaule. Sie sagte ihnen sogar, was alles noch viel besser gemacht werden könnte. Niemals war sie zufrieden.

2. Versucht nun, euch beim Lesen abzuwechseln, indem jeder entweder nur ein Wort oder einen Satz liest.

Ilka Köhler • Fächerübergreifend unterrichten: Die Ameise • Klasse 3–4 • Illustrationen: Dorina Tessmann

Satzpuzzle

Name: ______________________ Klasse: __________ Datum: __________

1. Finde für jeden Satzanfang das richtige Satzende. Verbinde beide Satzteile.

Neidisch blickte sie immer wieder ○	○ nur das beste und feinste Futter.
Viel größer war der und ihr schien es, ○	○ nicht mehr Babys?
Außerdem wuchsen dort auch ○	○ als wären die Arbeiterinnen dort viel fleißiger.
Und jeder Untertan mehr ○	○ für ihre Arbeiterinnen übrig.
Königin Amanda ○	○ deutlich mehr Babys heran.
Schließlich aß sie selbst ○	○ zu dem Nachbarbau von Königin Amelie hinüber.
Sie ließ nur den traurigen Rest ○	○ verstand das nicht.
Wieso also bekam Amanda ○	○ konnte auch mehr arbeiten.

2. Schreibe die vollständigen Sätze richtig auf die Zeilen. Lass deine Sätze von einem Partnerkind kontrollieren.

____

____

____

____

____

____

Ilka Köhler • Fächerübergreifend unterrichten: Die Ameise • Klasse 3–4 • Illustrationen: Dorina Tessmann

Lückentext

Name: ______________________ Klasse: __________ Datum: __________

1. Lies dir den Text genau durch. Welche Wörter fehlen?
Suche das jeweils passende Wort aus dem Kasten und setze es richtig ein.
Achte dabei auf die richtige Schreibweise der Wörter.

Die Arbeitsameisen konnten vor __________ kaum noch arbeiten. Ihr __________ knurrte den ganzen Tag. Deshalb waren sie auch nicht so __________ wie die Arbeiterinnen von Königin Amelie und sie konnten __________ tragen. Auch beim Buddeln von Gängen für den neuen __________ waren sie nicht so schnell. Doch das verstand ihre Königin nicht. Sie __________ nur an sich und wollte unbedingt __________ sein als Königin Amelie. Keiner __________ ihr etwas recht machen und alle wurden __________.

Bei Königin Amelie wurden die fleißigen Arbeitsameisen __________, das beste Futter wurde gerecht aufgeteilt und für jeden Untertanen hatte sie ein freundliches Wort. Amelie __________ sich auch um die Probleme ihrer Untertanen. Sie __________, wenn es den Arbeiterinnen gut ging, dann arbeiteten sie auch gerne und fleißig weiter. Freundliche Worte kannte Amanda überhaupt nicht. Sie __________ nicht einmal die Namen ihrer Untertanen. Zu jedem __________ sie einfach nur „Ey du!".

Bau • beschimpft • besser • dachte • gelobt • Hunger • kannte • konnte • kümmerte • Magen • sagte • stark • weniger • wusste

2. Suche diesen Abschnitt in der Geschichte. Vergleiche ihn mit deiner Lösung. Wenn du Fehler findest, verbessere sie mit einem grünen Stift.

Ilka Köhler • Fächerübergreifend unterrichten: Die Ameise • Klasse 3–4 • Illustrationen: Dorina Tessmann

Rückwärtstext

Name: ______________________ Klasse: __________ Datum: __________

1. Schreibe diese Sätze richtig auf ein Schreibblatt. Beachte, dass du die Wörter immer von hinten nach vorn abschreiben musst.

2. Lies dir anschließend deinen Text noch einmal genau durch. Ist alles richtig?

seniE segaT nefart hcis eid nesiemA nov adnamA dnu eilemA ieb red ehcussgnurhaN. tnuatsrE nehas eid nesiemA nov niginöK adnamA, eiw hcilhörf, krats dnu llenhcs eid nedmerf nenniretiebrA neraw. giruarT, edüm dnu tregnuhegba netrrez eis tsbles hcon na menie nehcräbimmuG mureh. eiD nedmerf nesiemA netppanhcs hcis hcafnie senie dnu netztilf novad. erednA nenniretiebrA nov niginöK eilemA nennageb nehcsiwzni, hcis tim ned nednehcuek nenniretiebrA nov adnamA uz netlahretnu.
seilemA nesiemA netnnok muak nebualg, saw eis entröh. eiS neraw hcis ginie, os etnnok se thcin retiew neheg. rhI tkned tztej thcielleiv, an nnad nellos hcod hcafnie ella nesiemA nov red nello adnamA uz red netten eilemA nlebbark dnu trod nenhow dnu netiebra. rebA rhi tssüm nessiw, eid nesiemA dnis nie rhes seuert kloV. enieK tssälrev slamej erhi niginöK. dnU nnew eid niginöK tbrits, nebrets eid nenatretnU tim rhi.

3. In diesem Text befindet sich ein Wort, welches von hinten nach vorn und umgekehrt genau gleich geschrieben wird. So etwas nennt man ein Palindrom.

Unterstreiche dieses Wort in deinem Text farbig.

4. Überlege und finde noch drei weitere Palindrome.

Beispiel: ANNA

____

Ilka Köhler • Fächerübergreifend unterrichten: Die Ameise • Klasse 3–4 • Illustrationen: Dorina Tessmann

Verben

Name: ______________________ Klasse: __________ Datum: __________

1. Suche aus dem Text die Verben heraus und schreibe sie in die Tabelle.

Schreibe anschließend zu jedem Verb die passende Grundform.

Also brauchten Amandas Ameisen einen Plan. Lange überlegten sie und berieten sich mit ihren neuen Freunden. Zuerst einmal halfen die freundlichen Arbeitsameisen von Königin Amelie bei der Nahrungssuche. Dadurch hatten Amandas Arbeiterinnen nach dem Gefutter ihrer Königin noch etwas für sich übrig und waren endlich einmal wieder satt. So kamen sie nach und nach wieder zu Kräften.

Merke: Das Präterit**um** beschreibt etwas, das schon **um** ist.
Es liegt also in der Vergangenheit.

Präteritum	Präsens
brauchten	
überlegten	
berieten	
halfen	
hatten	
waren	
kamen	

2. Wähle ein Verb aus dem Text aus. Schreibe die Personalformen auf.

Präsens	Präteritum
ich	ich
du	du
er/sie/es	er/sie/es
wir	wir
ihr	ihr
sie	sie

Ilka Köhler • Fächerübergreifend unterrichten: Die Ameise • Klasse 3–4 • Illustrationen: Dorina Tessmann

Schleichdiktat

Name: ______________________ Klasse: __________ Datum: __________

1. Hefte das Diktatblatt an die Tafel. Lege an deinem Arbeitsplatz ein Schreibblatt und Schreibzeug bereit.
Gehe nun leise zur Tafel vor und versuche, dir einen ganzen Satz zu merken. Setze dich dann auf deinen Platz und schreibe den Satz richtig auf.
Wiederhole den Vorgang, bis das Diktat komplett ist.

Nur Königin Amanda hatte sich noch kein bisschen verändert.
Sie nörgelte weiter und maulte vor sich hin.
Noch immer konnte es ihr niemand recht machen.
Plan zwei begann.
Die Arbeitsameisen bemühten sich, besonders nett und liebenswürdig zu sein.
Sie krabbelten nicht mehr mit traurigen Augen durch den Bau, sondern sie lächelten.
Sie sangen schon am frühen Morgen ein Lied oder pfiffen vor sich hin.
Auf alle Maulereien und Beschimpfungen ihrer Königin reagierten sie freundlich.
Die Ameisen ließen sich von Amandas schlechter Laune nicht mehr anstecken.

2. Nimm nun das Diktatblatt von der Tafel und vergleiche es mit deinem Schleichdiktat. Wenn du Fehler findest, verbessere sie mit einem grünen Stift.

Ilka Köhler • Fächerübergreifend unterrichten: Die Ameise • Klasse 3–4 • Illustrationen: Dorina Tessmann

Zwillingssätze

Name: ______________________ Klasse: __________ Datum: __________

1. Lies dir die Zwillingssätze genau durch. Sie unterscheiden sich durch 18 veränderte Wörter. Unterstreiche diese Wörter im Text auf der rechten Seite.

Und die Königin verstand die Welt nicht mehr. Dieses Gelächter ging ihr auf die Nerven. Lieder wollte sie auch keine mehr hören. Diese gute Laune fand sie einfach furchtbar. Die Arbeiterinnen haben wohl noch zu viel Zeit für diesen Blödsinn, dachte sie. Amanda konnte nicht begreifen, dass die Arbeit mit guter Laune und Fröhlichkeit viel mehr Spaß macht und auch leichter geht. Doch all ihr Gestänker und Gezeter half nichts. Ihre Untertanen blieben freundlich. Allerdings mussten die armen Arbeiterinnen sich so manches Mal wirklich große Mühe geben und sich sehr anstrengen, um nicht auf Königin Amandas unfreundliche Art genauso unfreundlich zu reagieren. Lange Zeit hatte Amanda allen mit ihrer schlechten Laune die Fröhlichkeit genommen und das wollten die Untertanen nicht noch einmal.	Und die Königin verstand die Welt viel mehr. Dieses Gemaule ging ihr auf die Nerven. Lügen wollte sie auch keine mehr hören. Diese gute Laune fand sie einfach wunderbar. Die Arbeiterinnen haben wohl noch zu wenig Zeit für diesen Blödsinn, dachte sie. Amanda konnte gut begreifen, dass die Arbeit mit guter Laune und Fröhlichkeit viel weniger Spaß macht und auch leichter geht. Aber all ihr Gestänker und Gezeter half nichts. Ihre Untertanen blieben höflich. Allerdings mussten die artigen Arbeiterinnen sich so manches Mal wirklich wenig Mühe geben und sich kaum anstrengen, um tatsächlich auf Königin Amandas freundliche Art genauso freundlich zu reagieren. Lange Zeit hatte Amanda allen mit ihrer guten Laune die Fröhlichkeit gezeigt und das wollten die Untertanen gerne noch einmal.

2. Wähle in der Geschichte einen Abschnitt aus. Schreibe dazu selbst Zwillingssätze auf ein Blatt. Tausche dann dein Blatt mit einem Partnerkind und sucht die veränderten Wörter.

Ilka Köhler • Fächerübergreifend unterrichten: Die Ameise • Klasse 3–4 • Illustrationen: Dorina Tessmann

Freies Schreiben 1

Name: ______________________ Klasse: ____________ Datum: ____________

1. Lies dir den Text genau durch. Beantworte anschließend die Fragen in ganzen Sätzen.

Nach und nach schien der Plan zu funktionieren. Amandas Laune besserte sich. Eine Ameise behauptete sogar, sie hätte in Amandas Gesicht ein Lächeln gesehen. Für viele ihrer Untertanen schien das undenkbar. Amanda und lächeln? Aber manche glaubten diese Geschichte. So wurde Amanda tatsächlich ab und an von einer kleinen Freundlichkeit ihrer Untertanen angesteckt und hörte kurz auf, zu maulen oder zu schimpfen.

a) Was geschah nach und nach?

b) Was behauptete eine Ameise?

c) Wurde Amanda freundlicher?

____

____

____

2. Was würde dir besser gefallen: eine freundliche oder eine schimpfende Lehrerin? Tausche dich darüber mit einem Partnerkind aus. Begründe deine Meinung.

3. Wann kannst du besser arbeiten und lernen: in guter oder in schlechter Stimmung? Sprecht in der Klasse darüber.

4. Besprecht eure Antworten in der Klasse. Versucht gemeinsam aus den Ergebnissen neue Ziele und Vereinbarungen für euren Unterricht zu entwickeln. Haltet diese auf einer selbst gestalteten Wandzeitung fest.

Ilka Köhler • Fächerübergreifend unterrichten: Die Ameise • Klasse 3–4 • Illustrationen: Dorina Tessmann

Schlangensätze

Name: ______________________ Klasse: ____________ Datum: ____________

1. Sieh dir die Schlangensätze genau an und versuche, sie zu lesen.
Trenne nun die einzelnen Wörter durch deutliche Striche voneinander.

Beispiel: Sehrgern → Sehr|gern.

DochnochwardieStimmunglängstnichtsogutwieinKöniginAmeliesBau.

KöniginAmelierietAmandasArbeiterinneneinFestzuveranstalten.

EinFestzuEhrenKöniginAmandas.

Dassolltehelfen?

VerwundertblicktensichAmandasUntertanenan.

Wozu?

AberAmelieerklärteihnendassAmandadadurchbemerkenwürdewiewichtig allezusammensind.

JederistetwasganzBesonderes.

AbersoetwasGroßeswieeinenAmeisenbaukanniemandalleinschaffen.

Übung: Jeder ist etwas Besonderes!

Überlege, welche Eigenschaften du an deinen Freunden und Familienmitgliedern schätzt, und schreibe sie auf ein Blatt.
Wertet in kleinen Gruppen eure Ergebnisse aus und besprecht, warum euch genau diese Dinge so besonders erscheinen.

2. Schreibe die Schlangensätze aus Aufgabe 1 richtig auf ein Blatt. Achte dabei auch auf die Satzzeichen.

Ilka Köhler • Fächerübergreifend unterrichten: Die Ameise • Klasse 3–4 • Illustrationen: Dorina Tessmann

Sinnerfassendes Lesen 1

Amandas Untertanen beschlossen, ein Fest zu veranstalten. Heimlich wurde alles vorbereitet. Besonders leckere Nahrung wurde extra für das Fest beiseitegelegt. Musiker bauten neue Instrumente und komponierten Lieder. Ein großer neuer Festsaal wurde gegraben – mit einer Bühne für eine kleine Ansprache. Von all diesen aufwendigen Vorbereitungen bekam Amanda natürlich nichts mit. Sie war nach wie vor mit sich selbst beschäftigt.

Am Tag der großen Feier wurde Amanda von den fliegenden Männchen entführt und einfach hinab in den Saal geflogen. Schimpfend saß sie in ihrem Sitz. Doch als sie in den Saal hineinflogen, staunte Amanda. Sie ließ die Männchen noch zweimal über die versammelten Untertanen fliegen. Die Arbeiterinnen standen alle im Saal und riefen immer wieder: „Amanda, hoch lebe unsere Königin Amanda!“ Tränen der Freude standen in Amandas Augen.

Königin Amanda ließ sich auf der Bühne absetzen, hörte sich mit großem Interesse die Rede der Arbeiterinnen an und sprach danach selbst zu ihrem Volk. Sie hatte endlich erkannt, wie wichtig jeder Einzelne ist. Jeder hat seine Aufgaben, der eine sucht die Nahrung, ein anderer gräbt den Bau, und wieder andere sind für den Nachwuchs und dessen Betreuung zuständig. Und zum ersten Mal in ihrem Leben sagte Amanda etwas, das keine einzige Ameise je geglaubt hätte.

Amanda bedankte sich. Sie bedankte sich bei all ihren Untertanen. Sie bedankte sich für deren fleißige Arbeit. Und sie entschuldigte sich für ihr Verhalten und versprach, von nun an nie wieder eine eingebildete Ziege oder eine blöde Kuh zu sein. Nach dieser Ansprache feierte der Ameisenbau von Königin Amanda ein großes Fest. Alle Ameisen feierten und aßen zusammen. Und zum ersten Mal war in ihrem Bau die Stimmung genauso fröhlich und zufrieden wie sonst nur bei Königin Amelie.

Ilka Köhler • Fächerübergreifend unterrichten: Die Ameise • Klasse 3–4 • Illustrationen: Dorina Tessmann

Sinnerfassendes Lesen 2

Name: ______________________ Klasse: __________ Datum: __________

1. Lies dir den Text genau durch. Kreuze anschließend die richtigen Lösungen zu den untenstehenden Fragen an.
2. Suche nun die passenden Textstellen und unterstreiche sie. Kontrolliere dabei selbst, ob deine angekreuzten Lösungen richtig sind.

1.	Was beschlossen Amandas Untertanen?	☐ a) das Fest ausfallen zu lassen ☐ b) das Fest zu veranstalten ☐ c) das Fest zu vergessen
2.	Was wurde für das Fest vorbereitet?	☐ a) liebliche Düfte versprüht ☐ b) lila Fähnchen verteilt ☐ c) leckere Nahrung beiseitegelegt
3.	Wen sah Amanda im Saal?	☐ a) ihre versammelten Untertanen ☐ b) ihre vergessenen Vorräte ☐ c) ihre verliebten Jungameisen
4.	Warum hatte Amanda Tränen in den Augen?	☐ a) vor Freude ☐ b) vor Trauer ☐ c) vor Wut
5.	Was hat Amanda erkannt?	☐ a) sie hat recht gehabt ☐ b) jeder ist nett ☐ c) alle gehören zusammen
6.	Was tat Amanda zum ersten Mal in ihrem Leben?	☐ a) sie sang ein Lied ☐ b) sie lächelte ☐ c) sie bedankte sich
7.	Wofür entschuldigte sich Amanda?	☐ a) für ihre Verspätung ☐ b) für den Verkehr ☐ c) für ihr Verhalten
8.	Wie war die Stimmung im Bau am Ende der Geschichte?	☐ a) freundlich und nett ☐ b) fröhlich und zufrieden ☐ c) friedlich und verschlafen

Freies Schreiben 2

Name: ______________________ Klasse: __________ Datum: __________

Amanda bedankte sich. Sie bedankte sich bei all ihren Untertanen. Sie bedankte sich für deren fleißige Arbeit. Und sie entschuldigte sich für ihr Verhalten und versprach, von nun an nie wieder eine eingebildete Ziege oder eine blöde Kuh zu sein.

1. Kannst du dir vorstellen, was Amanda in ihrer Dankesrede sagt? Verfasse selbst eine Rede, die Amanda vor ihrem Ameisenvolk hält. Beachte, dass du diese Dankesrede im Präsens schreibst!

____

____

____

____

____

____

____

____

____

____

____

Ilka Köhler • Fächerübergreifend unterrichten: Die Ameise • Klasse 3–4 • Illustrationen: Dorina Tessmann

Adjektive

Name: ______________________ Klasse: __________ Datum: __________

1. Finde zu den Adjektiven der Geschichte die Steigerungsformen und trage sie in die Tabelle ein. Achte dabei auf die richtige Schreibweise!

groß	größer	am größten
kurz		
schnell		
gut		
stark		
erstaunt		
treu		
leicht		
zufrieden		
klein		

2. Finde nun gemeinsam mit einem Partnerkind 5 Adjektive, die wichtig sind für eine gelungene Zusammenarbeit und eine gute Gemeinschaft. Steigere auch diese Adjektive.

großzügig	großzügiger	am großzügigsten

Ilka Köhler • Fächerübergreifend unterrichten: Die Ameise • Klasse 3–4 • Illustrationen: Dorina Tessmann

Substantive

Name: ______________________ Klasse: __________ Datum: __________

1. Bilde mit den Buchstaben der Substantive jeweils einen Satz. Schreibe in die Tabelle.

Beispiel: AMEISE – **A**m **M**ontag **e**sse **i**ch **s**üße **E**rdbeeren.

A	K	N	U
M	Ö	A	N
E	N	C	T
I	I	H	E
S	G	B	R
E	I	A	T
	N	R	A
			N

2. Überlege dir zu jedem der Substantive zwei zusammengesetzte Substantive.

Beispiel: Ameise – Ameisenbär oder Waldameise

Ameise: __________, __________

Futter: __________, __________

Baby: __________, __________

Bau: __________, __________

Fest: __________, __________

Kinder: __________, __________

Königin: __________, __________

Nachbar: __________, __________

Ilka Köhler • Fächerübergreifend unterrichten: Die Ameise • Klasse 3–4 • Illustrationen: Dorina Tessmann

Sachtext

Die Ameisen gehören wie alle Insekten zu den wirbellosen Tieren. Sie haben also keine Knochen. Aber die Ameisen sind gut gepanzert. Ihr Körper besteht aus drei Abschnitten, dem Kopf, der Brust und dem Hinterleib. Außerdem haben sie sechs Beine. Wegen der tiefen Einschnitte oder Kerben in der Hals- und Taillengegend heißen sie auch Kerbtiere.

Die Ameisen sind Staaten bildende Insekten. Dies bedeutet, dass sie in großen Völkern zusammenleben, also viele Ameisen gemeinsam und nie nur eine Ameise allein. Ein großes Ameisenvolk kann zehntausende, hunderttausende oder gar mehrere Millionen Arbeiterinnen umfassen.

Zu einem Ameisenstaat gehören die Königin, die Arbeiterinnen und die Männchen (Drohnen).

Die Königin ist oft tief im Boden eingegraben und sitzt gut geschützt in ihrem Nest. Sie ist die größte Ameise im Bau. Ihre Aufgabe ist es, die Nachkommen, also die Ameisenbabys (die Brut) zu produzieren. Deshalb stirbt auch ein Ameisenstaat aus, wenn die Königin stirbt. Denn da die meisten Ameisenvölker nur eine Königin haben, wird nach dem Tod der Königin keine neue Brut hervorgebracht. Die älteren Arbeiterinnen sterben mit der Zeit aus und es gibt keine jungen Ameisennachkommen mehr.

Die Größe der Arbeitsameisen bestimmt ihre Tätigkeit. So sind die kleineren Arbeiterinnen vorwiegend für die Brut- und Nestpflege bestimmt und die größten Arbeiterinnen betätigen sich als Soldatinnen. Allerdings sind sie nie auf nur eine Arbeit „programmiert“ und können so auch andere Aufgaben übernehmen.

Ameisen können sich sehr gut mitteilen. Sie „unterhalten“ sich über eine Substanz, die auf mehreren Körperteilen gebildet wird. So entstehen zum Beispiel die Ameisenstraßen auf Grund einer Duftmarke, die den Untergrund markiert. Diese Duftspur wird von den einzelnen Ameisen verfolgt und bei Bedarf verstärkt. So finden die Ameisen immer zu ihrem Bau bzw. zu ihrer ausgewählten Nahrungsquelle zurück. Stören uns Menschen diese Ameisenstraßen im Haus oder Garten, kann man sie mit Hilfe von Kaffeesatz oder Backpulver auflösen, da die Ameisen dann ihre Duftspur nicht mehr wahrnehmen können.

Ameisenquiz

1. Lest euch zuerst den Sachtext über die Ameise durch. Jedes Kind liest dabei einen Satz vor.
2. Versuche nun allein, die fehlenden Wörter im Text zu ergänzen.

1. Die Ameisen gehören wie alle Insekten zu den ________________ Tieren. Sie haben also keine Knochen.
2. Außerdem haben sie ______________ Beine.
3. Die Ameisen sind ________________________ Insekten. Dies bedeutet, dass sie in großen Völkern zusammenleben, also viele Ameisen gemeinsam und nie nur eine Ameise allein.
4. Zu einem Ameisenstaat gehören ____________________, ____________________ und ____________________.
5. ________________ ist oft tief im Boden eingegraben und sitzt gut geschützt in ihrem Nest. Sie ist die größte Ameise im Bau.
6. Ihre Aufgabe ist es, ________________, also die Ameisenbabys (die Brut) zu produzieren.
7. Die Größe der ________________ bestimmt ihre Tätigkeit. So sind die kleineren Arbeiterinnen vorwiegend für die Brut- und Nestpflege bestimmt und die größten Arbeiterinnen betätigen sich als Soldatinnen.
8. Ameisen können sich sehr gut ____________. Sie „unterhalten" sich über eine Substanz, die auf mehreren Körperteilen gebildet wird. So entstehen zum Beispiel die Ameisenstraßen auf Grund einer Duftmarke.
9. Diese ______________ wird von den einzelnen Ameisen verfolgt und bei Bedarf verstärkt. So finden die Ameisen immer zu ihrem Bau bzw. zu ihrer ausgewählten Nahrungsquelle zurück.

2. Vergleiche deine Quiz-Antworten mit dem Sachtext. Wenn du Fehler findest, verbessere sie mit einem grünen Stift.

Die Entwicklung der Ameise 1

Beim Hochzeitsflug werden die Jungköniginnen von den Männchen (Drohnen) befruchtet. Danach fallen den befruchteten Königinnen die Flügel ab. Den Samen bewahren sie anschließend in extra dafür vorgesehenen Samentaschen auf. Dieser Samen reicht für das ganze Leben einer Königin aus. Die Ameisenmännchen versterben kurz nach der Befruchtung.

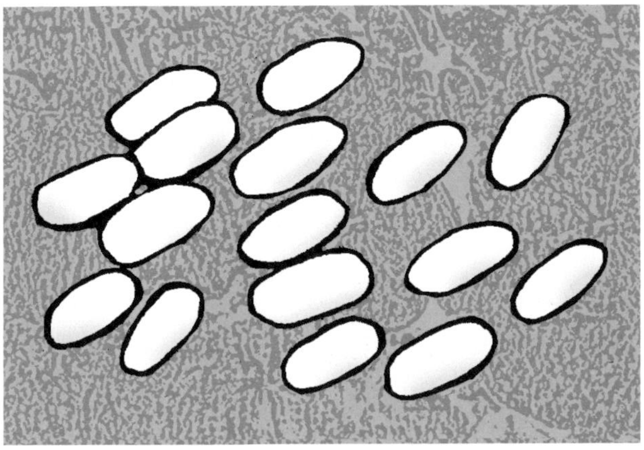

Nach der Befruchtung zieht sich die Königin in ihr Nest zurück und beginnt, Eier zu legen. Befruchtet sie ein gelegtes Ei, wird daraus ein Weibchen. Befruchtet sie es nicht, entsteht ein Männchen. Dies kann die Königin selbst entscheiden.

Von den Brutpflegeameisen werden die kleinen Eier sofort in die Brutkammern gebracht und dort gepflegt und eingespeichelt.

Ungefähr zwei Wochen später schlüpfen aus den Eiern die Larven. Sie haben eine weiße oder gelblichweiße Färbung. Beim Wachsen müssen sie immer wieder die zu klein gewordene Körperhülle abwerfen. Auch die Larven müssen noch intensiv von den Brutpflegeameisen gefüttert und gereinigt werden.

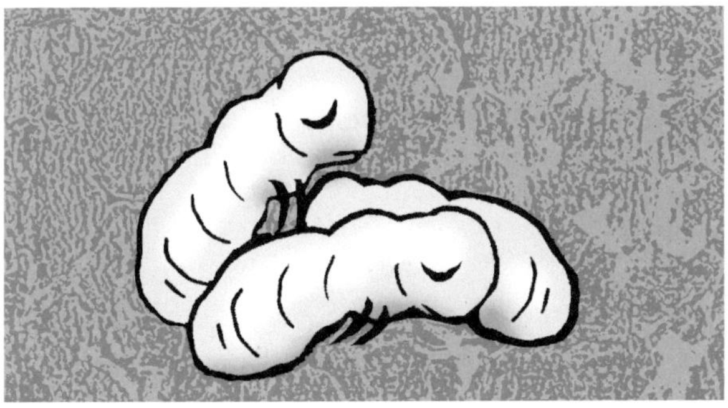

Anschließend verpuppen sich die Ameisen. In diesem Stadium nehmen die Puppen keine Nahrung mehr zu sich. Schließlich schlüpfen die kleinen Ameisen aus ihrem Kokon.

Nun muss noch der Panzer der Ameise aushärten. Dann ist sie vollständig entwickelt. Wenn auch dieses Stadium abgeschlossen ist, bezeichnet man diese voll entwickelte Ameise als Imago.

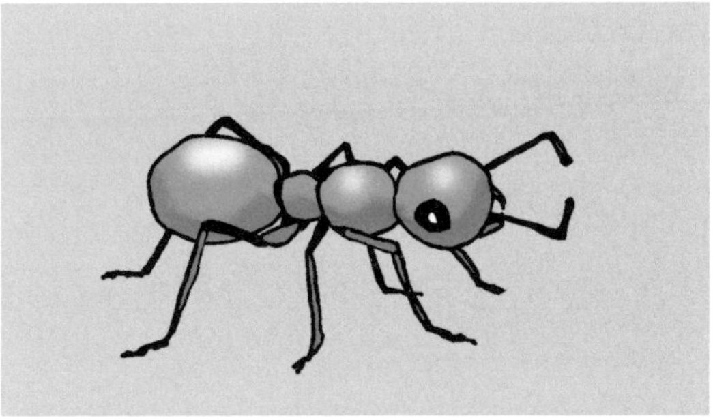

Ilka Köhler • Fächerübergreifend unterrichten: Die Ameise • Klasse 3–4 • Illustrationen: Dorina Tessmann

Die Entwicklung der Ameise 2

Name: ______________________ Klasse: ____________ Datum: ____________

1. Lies den Text über die Fortpflanzung der Ameisen und sieh dir die Abbildungen genau an.

2. Schneide die Kärtchen unten aus. Sortiere sie passend und klebe sie oben nebeneinander auf.

2	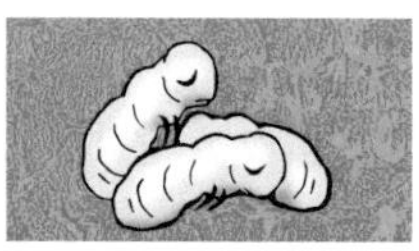	einspeicheln	3	Eier
Körperhülle	vollständig entwickelt	Verpuppung		Panzer
Larven-stadium	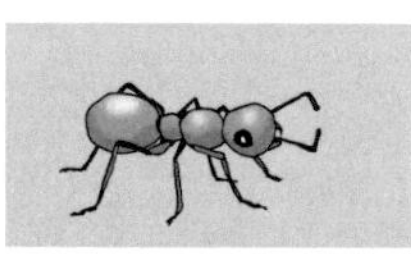	4	Kokon	keine Nahrung
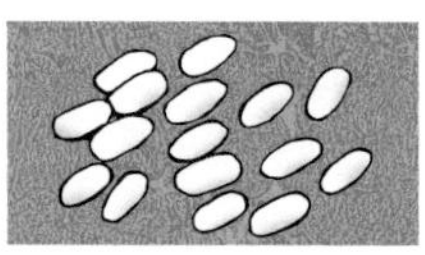	Nest	gelblichweiß	1	Imago

Ilka Köhler • Fächerübergreifend unterrichten: Die Ameise • Klasse 3–4 • Illustrationen: Dorina Tessmann

Der Körper einer Ameise

Name: ______________________ Klasse: __________ Datum: __________

1. Suche aus den Wörtern im Kasten die Körperteile der Ameisen heraus. Schreibe sie im Bild auf die richtige Linie.

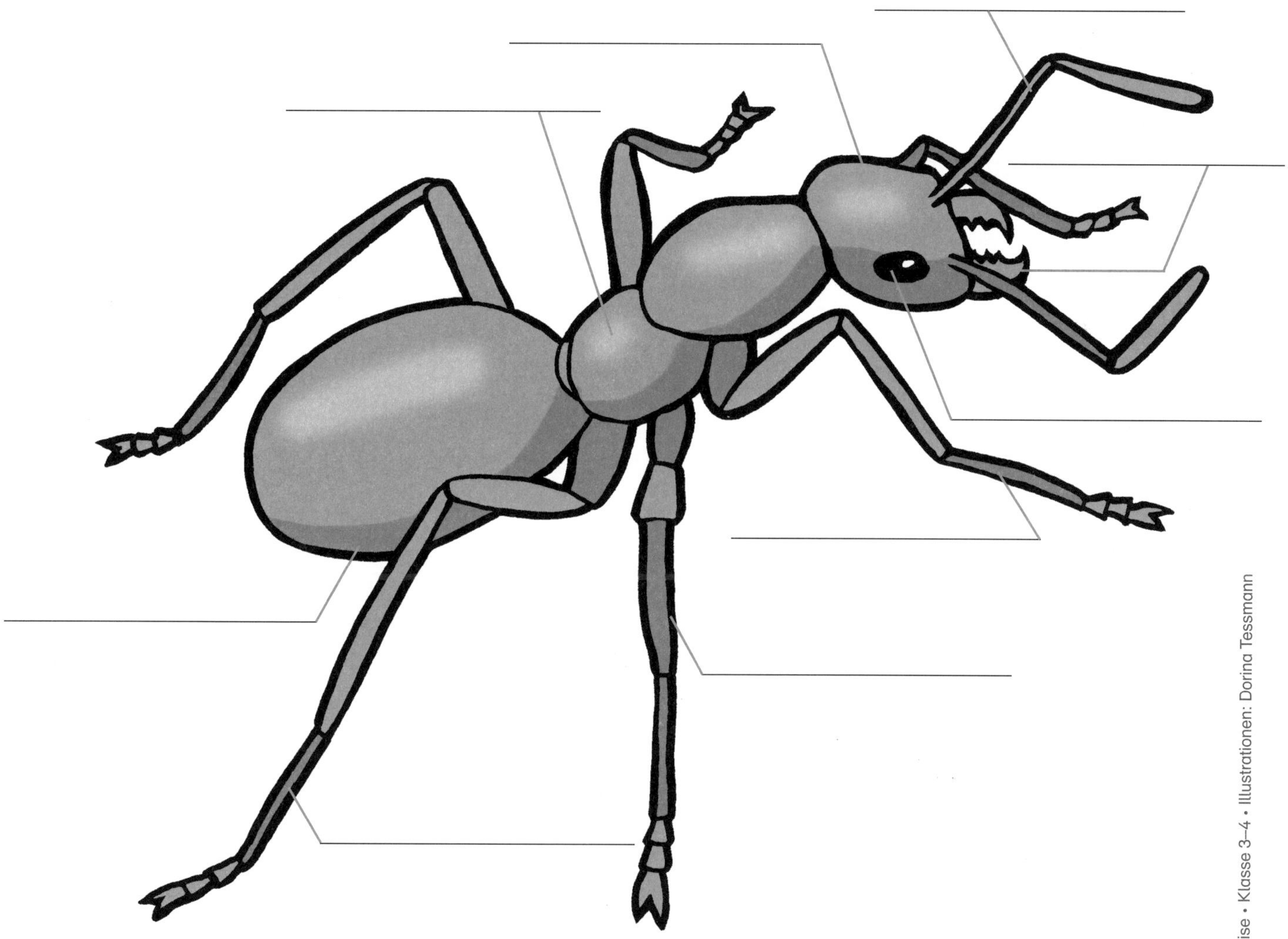

Fühler • Hinterbeine • Hinterleib • Kopf • Mittelbeine • Mittelleib • Vorderbeine • Auge • Mundwerkzeuge

2. Sieh dir die Ameise genau an und versuche anschließend einen Ameisenkörper zu zeichnen. Achte darauf, alle Körperteile abzuzeichnen.

Ilka Köhler • Fächerübergreifend unterrichten: Die Ameise • Klasse 3–4 • Illustrationen: Dorina Tessmann

Die Aufgaben einer Arbeiterin

Name: ______________________ Klasse: __________ Datum: __________

Arbeiterinnen können viele Aufgaben übernehmen. Da jedoch eine Arbeiterin nicht alle Aufgaben verrichten kann, arbeiten viele Ameisen zusammen.

1. Finde zu den Aufgaben jeweils die passende Arbeiterin. Verbinde anschließend die Arbeiterin und ihre Aufgabe mit einem farbigen Stift.

Brutpflegeameisen ○	○ Sie reinigen das Nest und säubern die Brutkammer nach dem Schlüpfen.
Beutezerlegerinnen ○	○ Sie melken den Honigtau von den Blattläusen.
Jägerinnen ○	○ Sie beschützen den Bau vor Feinden und fremden Ameisen.
Nestreinigerinnen ○	○ Sie sammeln Nahrung für den Bau und lagern diese ein.
Melkerinnen ○	○ Sie wecken nach der Winterruhe den gesamten Ameisenstaat.
Königinpflegerinnen ○	○ Sie pflegen und füttern den Nachwuchs.
Wächterinnen ○	○ Sie zerlegen die Beute der Jägerinnen für eine möglichst platzsparende Lagerung.
Sammlerinnen ○	○ Sie pflegen und füttern die Ameisenkönigin.
Weckerinnen ○	○ Sie erbeuten das Futter für die Ameisen.

Die Nahrung der Ameisen

Name: ______________________ Klasse: __________ Datum: __________

1. Suche im Internet Informationen über die Nahrung der Ameisen.

2. Finde anschließend heraus, welche der unten angegebenen Begriffe zur Nahrung der Ameisen gehören. Umkreise diese Wörter mit einem farbigen Stift.

Honigtau Nägel

Käfer Fliegen

Steine Samen

Obst Zucker

Gift

Holz Wurzeln

Sirup

Honig

Spinnen

Blüten

Schnecken Kastanien

Tipp: Diese Internet-Suchmaschinen für Kinder kannst du nutzen:
www.helles-koepfchen.de oder www.blinde-kuh.de

Wusstest du schon ...?

Name: ______________________ Klasse: __________ Datum: __________

1. Lies dir die Sätze unten in Ruhe durch und versuche sie dir zu merken.

2. Erzähle anschließend einem anderen Kind, was du gelernt hast. Markiere die Sätze, die du behalten hast, mit einem farbigen Textmarker.

Wusstest du schon, ...

... dass die Waldameisenkönigin täglich ungefähr 300 Eier legt?

... dass die Menge und die Qualität der Nahrung darüber bestimmt, ob aus der befruchteten Larve später einmal eine Arbeiterin oder eine Königin wird?

... dass die Ameisensäure auch woanders in der Natur vorkommt, zum Beispiel bei Brennnesseln?

... dass die Ameisen den Honigtau von den Blattläusen abnehmen und fressen?

... dass eine Waldameisenarbeiterin etwa das 20-Fache ihres eigenen Gewichtes tragen kann?

... dass es weltweit geschätzt bis zu 15.000 Ameisenarten gibt?

... dass die vollständig entwickelte Ameise als *Imago* bezeichnet wird?

... dass Waldameisen seit über 200 Jahren unter Naturschutz stehen?

Ich konnte mir ___ Informationen merken!

Meine Stärken

Name: ______________________ Klasse: __________ Datum: __________

„Sie war die Königin, die größte und schwerste Ameise im Bau, und nur sie bekam den Nachwuchs. Darauf bildete sie sich etwas ein. Und wie!"

Jedes Kind hat seine eigenen Stärken – ob es nun besonders freundlich ist, gut rechnen oder singen kann.

Muss es deshalb eingebildet sein?

Sprecht gemeinsam in der Klasse darüber und überlegt euch eine Antwort auf die Frage.

****

Übung:

Teilt Blätter aus, auf denen die Namen aller Kinder der Klasse stehen. Anschließend überlegt sich jedes Kind, was es besonders gut kann. Das schreibt ihr mit einem roten Stift auf euren Zettel hinter euren eigenen Namen.

Danach überlegt sich jeder, was er an jedem einzelnen Kind der Klasse besonders gut findet bzw. welche Stärke es hat. Auch dies schreibt ihr auf das Blatt hinter die dazugehörigen Namen eurer Mitschülerinnen und Mitschüler.

Sammelt nun die Blätter ein und bittet eure Lehrerin, euch diese Eigenschaften in ruhiger Runde vorzulesen. Im Anschluss darf jedes Kind sagen, was es hinter seinen eigenen Namen geschrieben hat.

Schreibe im Anschluss auf ein extra Blatt, was die anderen Kinder an dir mögen. Dies ist eine schöne Gelegenheit, dein Selbstwertgefühl zu stärken.

****

Nutzt hierbei auch die Möglichkeit, mehr über die anderen Kinder, ihre Stärken und Interessen zu erfahren. So könnt ihr später Aufgaben in der Klasse sinnvoll verteilen.

Ilka Köhler • Fächerübergreifend unterrichten: Die Ameise • Klasse 3–4 • Illustrationen: Dorina Tessmann

Vermeintliche Schwächen

Name: ______________________________ Klasse: ____________ Datum: ____________

„Immer hörten ihre Untertanen nur ihr Gemaule. Sie sagte ihnen sogar, was alles noch viel besser gemacht werden könnte. Niemals war sie zufrieden."

Jeder Mensch hat Charaktereigenschaften oder „Dinge" an sich, die als Schwäche angesehen werden können. Doch sind dies wirklich Schwächen?

- ▶ Kann sich hinter einer vermeintlichen Schwäche auch eine Stärke verbergen?
- ▶ Welche Vorteile können manche vermeintlichen Nachteile bieten?

z. B. Ängstliche Menschen … ▶ haben weniger Unfälle, da sie weniger klettern.

Kleine Menschen … ▶ können sich beim Versteckspielen besser verstecken.

Sprecht gemeinsam in der Klasse darüber und überlegt euch Antworten auf diese Fragen.

****

Übung: Nutzt euren Ideenreichtum und eure Erfahrungen

Jedes Kind benötigt ein Blatt Papier und einen Stift. Außerdem braucht ihr einen Kurzzeitwecker, eine Stoppuhr oder eine Uhr mit einem Sekundenzeiger.

Ein Kind nennt eine von ihm ausgewählte vermeintliche Schwäche. Anschließend haben die anderen Kinder eine Minute Zeit, um dafür möglichst viele Vorteile zu finden bzw. die Schwäche in eine Stärke zu verwandeln.

Nun können einige oder alle Kinder ihre Ideen vorlesen. Findet dabei heraus, welche Stärke am häufigsten genannt wird.

Anschließend könnt ihr eine neue Runde beginnen.

Ilka Köhler • Fächerübergreifend unterrichten: Die Ameise • Klasse 3–4 • Illustrationen: Dorina Tessmann

Freundlich sein

Name: ______________________________ Klasse: ____________ Datum: ____________

„Bei Königin Amelie wurden die fleißigen Arbeitsameisen gelobt, das beste Futter wurde gerecht aufgeteilt und für jeden Untertanen hatte sie ein freundliches Wort."

- ▶ Was sind ehrliche Freundlichkeiten? Woran erkennt man sie?
- ▶ Was ist der Unterschied zwischen Freundlichkeit und Heuchelei?
- ▶ Was hat Freundlichkeit mit Höflichkeit zu tun?
- ▶ Wie fühlen wir uns, wenn wir bei freundlichen Menschen sind oder freundlichen Menschen begegnen?

Sprecht gemeinsam in der Klasse darüber und überlegt euch Antworten auf diese Fragen.

****

Übung:

Jedes Kind der Klasse hat die Aufgabe, mindestens 10 freundliche Wörter/Sätze aufzuschreiben. Hierbei könnt ihr Bezug auf die Geschichte nehmen oder aber Wörter/Sätze wählen, die ihr gerne einmal in der Schule oder in der Familie hören würdet oder vielleicht sogar zu hören bekommt.

Anschließend sollte immer ein Kind seine Wörter/Sätze vorlesen dürfen.

Geht danach diese Wörter/Sätze in Ruhe durch und überlegt gemeinsam, ob es sich tatsächlich um Freundlichkeiten handelt oder ob sich vielleicht noch einige kleine Unfreundlichkeiten eingeschlichen haben.

Ihr könnt zum Schluss auch einmal versuchen, diese freundlichen Wörter/Sätze in einem besonders unfreundlichen Tonfall vorzulesen bzw. von einem Kind vorlesen zu lassen. Auch der umgekehrte Fall ist möglich (unfreundliche Wörter in einem freundlichen Ton). Wie fühlt sich das an?

****

Durch diese Übung könnt ihr erfahren, was es mit der Freundlichkeit auf sich hat. Ihr könnt erkennen:

*Freund*lichkeit bewirkt Sympathie und macht *Freund*e.

Wie ich zu dir, bist du zu mir!

Ilka Köhler • Fächerübergreifend unterrichten: Die Ameise • Klasse 3–4 • Illustrationen: Dorina Tessmann

Hilfsbereit sein

Name: ______________________ Klasse: ____________ Datum: ____________

„Lange überlegten sie und berieten sich mit ihren neuen Freunden. Zuerst einmal halfen die freundlichen Arbeitsameisen von Königin Amelie bei der Nahrungssuche."

- Wann sollte man jemandem helfen? Sollte man seine Hilfe anbieten oder einfach dazwischengehen?
- Wie sollte man jemandem helfen? Eine Hilfestellung beim Lernen geben oder vorsagen?
- Wobei sollte man jemandem helfen (z. B. bei zu schweren Aufgaben, zu vielen Aufgaben)?
- Helft ihr auch manchmal jemandem (z. B. im Haushalt, bei den Haustieren, einer Oma über die Straße)?
- Wurde euch schon einmal geholfen? Wobei? Wie habt ihr euch dabei gefühlt?

Sprecht gemeinsam in der Klasse darüber und überlegt euch Antworten auf diese Fragen.

****

Übung: Veranstaltet ein „Wer hilft mir beim …?-Spiel".

Überlegt euch im Vorfeld gemeinsam verschiedene Tätigkeiten. Diese könnt ihr auf kleine Kärtchen oder aber für alle sichtbar an die Tafel schreiben (je nach Schwierigkeitsgrad), z. B. Holz hacken, Möbel/Taschen tragen, kochen, waschen, nähen.

Ein Kind zieht ein Kärtchen oder wählt eine Tätigkeit von der Tafel und führt sie pantomimisch vor. Die Frage ist: „Wer hilft mir beim …?" Nun müssen die anderen Kinder raten, bei welcher Tätigkeit das Kind Hilfe benötigt.

Ihr könnt dabei im Kreis oder auch gemütlich im Raum / im Freien verteilt sitzen. Wichtig ist nur, dass ihr die Vorführung gut sehen könnt.

Wer von euch richtig geraten hat, geht hilfsbereit in die Mitte der Gruppe und wechselt das Kind dort ab.

****

Außerdem: Durch gegenseitige Hilfe lässt sich Zeit einsparen, die man anschließend gemeinsam verbringen kann. Helft ihr z. B. eurer Mama beim Abwasch, hat sie später mehr freie Zeit, um mit euch zu spielen.

Ilka Köhler • Fächerübergreifend unterrichten: Die Ameise • Klasse 3–4 • Illustrationen: Dorina Tessmann

Gute Laune verbreiten

Name: ______________________ Klasse: __________ Datum: __________

„Die Arbeitsameisen bemühten sich, besonders nett und liebenswürdig zu sein. Sie krabbelten nicht mehr mit traurigen Augen durch den Bau, sondern sie lächelten. Sie sangen schon am frühen Morgen ein Lied oder pfiffen vor sich hin.“

- ► Was sind Anzeichen von guter Laune? Probiert gemeinsam verschiedene Gesichtsausdrücke und Körperhaltungen aus. Lasst die jeweils dargestellte Empfindung von anderen Kindern der Klasse erraten bzw. nachstellen.
- ► Wann und warum habt ihr gute Laune?
- ► Ist gute Laune ansteckend?
- ► Wenn ihr angelächelt werdet oder jemand freundlich zu euch ist, verbessert sich dann eure schlechte Laune?
- ► Was kann noch für gute Laune sorgen?

Sprecht gemeinsam in der Klasse darüber und überlegt euch Antworten auf diese Fragen.

Witz: Wie kommt eine Ameise über einen Fluss? Sie legt das „A“ ab und fliegt als Meise hinüber.

****

Übung: Veranstaltet ein „Gute-Laune-Spiel“.

Gestaltet entweder im Vorfeld für jeden Mitspieler einen Smiley, z. B. als Button zum Anstecken, oder verwendet Schminkfarbe und Abschminktücher.

Bestimmt einen Ort, der das „Gute-Laune-Lager“ ist.

Ein Kind bekommt einen Smiley aufgemalt oder angesteckt. Dies ist der Fänger. Die anderen Kinder laufen umher und sollen von der guten Laune angesteckt werden. Hat der Fänger ein Kind gefangen, so bringt er es ins „Gute-Laune-Lager“, wo das Kind entweder geschminkt wird oder den Anstecker bekommt.

Nun sind beide Kinder die Fänger und dürfen gute Laune verbreiten. Sind alle Kinder mit guter Laune angesteckt, ist das Spiel vorbei. Das zuletzt gefangene Kind darf der neue Fänger sein.

****

Bei diesem Spiel könnt ihr erfahren, wie sich Gefühle auf Mitmenschen auswirken und auf wundersame Weise weiterverbreiten.

Ilka Köhler • Fächerübergreifend unterrichten: Die Ameise • Klasse 3–4 • Illustrationen: Dorina Tessmann

Gemeinsam sind wir stark

Name: ________________________ Klasse:__________ Datum: __________

„Aber Amelie erklärte ihnen, dass Amanda dadurch bemerken würde, wie wichtig alle zusammen sind. Jeder ist etwas ganz Besonderes."

Eine Gemeinschaft ist notwendig bei großen Projekten wie einem Ameisenbau, hilft aber auch bei schwierigen Problemen. Gemeinsam sind auch die Kinder stark, die sich allein häufig zu schwach fühlen.

- ► Welche Aufgaben lassen sich gut allein lösen?
- ► Bei welchen Aufgaben benötigt man Hilfe von anderen?
- ► Nach welchen Überlegungen sollten die Aufgaben dann verteilt werden?

Sprecht gemeinsam in der Klasse darüber und überlegt euch Antworten auf diese Fragen.

****

Übung:

Veranstaltet gemeinsam ein „Stärke-Experiment". Verwendet hierfür ausreichend Schaschlikspieße.

Versucht zuerst, einen einzelnen Schaschlikspieß durchzubrechen. Das geht recht einfach.

Nehmt anschließend einen zweiten Schaschlikspieß hinzu. Auch das ist noch relativ leicht. Aber ihr werdet merken, dass es mit jedem weiteren Spieß schwieriger wird, die Schaschlikspieße durchzubrechen. Nehmt nun immer mehr Spieße hinzu.

Ein einzelner Spieß ist leicht zu brechen. Doch legt ihr immer mehr Schaschlikspieße zu einem Bündel, wird das Durchbrechen langsam schwerer, bis ihr es schließlich nicht mehr schafft.

****

Bei dieser Übung könnt ihr sehen, dass viele einzelne Schwache gemeinsam eine unüberwindbare Stärke erreichen können.

Ilka Köhler • Fächerübergreifend unterrichten: Die Ameise • Klasse 3–4 • Illustrationen: Dorina Tessmann

Gemeinschaftspuzzle 1

Name: ______________________ Klasse: __________ Datum: __________

„Aber so etwas Großes wie einen Ameisenbau kann niemand allein schaffen.“

- ▶ Was gehört alles zu einem Ameisenbau?
- ▶ Welche Arbeiten müssen die einzelnen Ameisen erledigen, um den Bau fertigzustellen?
- ▶ Was gehört alles zu einem Wohnhaus / einer Schule?
- ▶ Welche Arbeiten müssen die einzelnen Handwerker erledigen, um das Wohnhaus / die Schule fertigzustellen?
- ▶ Gibt es beim Bauen Gemeinsamkeiten und Unterschiede zwischen Menschen und Tieren?

Vergleicht die Bauten und die anfallenden Arbeiten miteinander.

****

Übung:

Gestaltet ein „Gemeinschaftspuzzle“ von einem Ameisenbau. Macht daraus ein Plakat für euren Klassenraum.

Lasst euch die Kopiervorlage 28/2 auf die benötigte Größe vergrößern. Schneidet das Bild anschließend in einzelne Puzzleteile, je nach Anzahl der Kinder, und verteilt die Puzzleteile in der Klasse.

Klebt dann gemeinsam die Puzzle-Teile wieder zusammen und erschafft somit durch die Hilfe aller Kinder einen großen Ameisenbau. Gestaltet den Ameisenbau farbig.

Besonders spannend und auch etwas schwieriger wird es, wenn ihr von eurer Lehrerin die Puzzleteile bekommt, ohne dass sie euch das Bild vorher gezeigt hat. Dann könnt ihr erst das Gesamtwerk als Ameisenbau bewundern.

Wer mit seinem Puzzleteil schnell fertig ist, kann zusätzlich einzelne fleißige Arbeitsameisen gestalten. Diese können auf eurem fertigen Bild als Ameisenstraße zum Ameisenbau angebracht werden.

****

Durch diese Übung stärkt ihr den Zusammenhalt innerhalb eurer Klasse. Ihr erfahrt: „Gemeinsam können wir alles schaffen.“

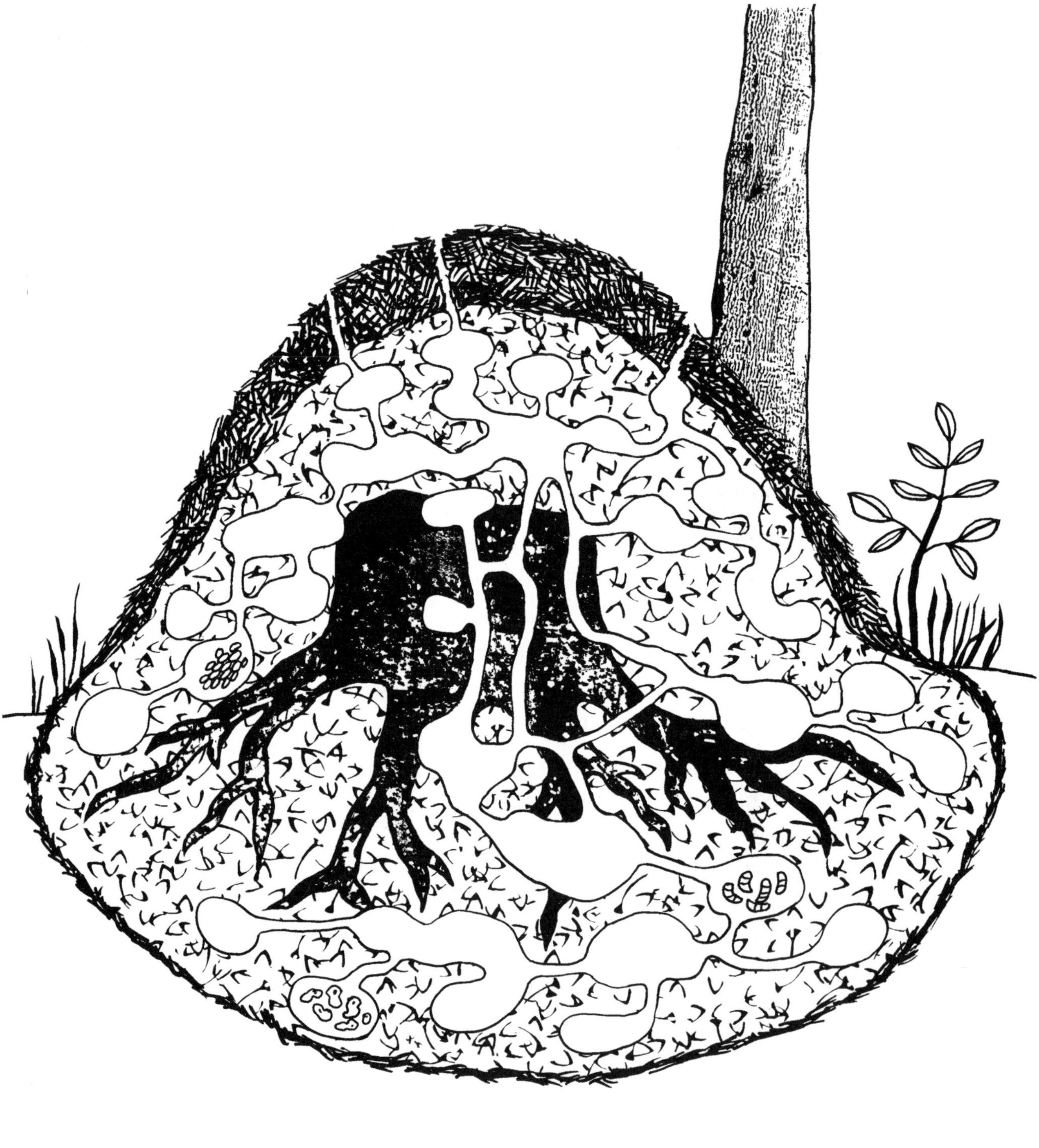

Ilka Köhler • Fächerübergreifend unterrichten: Die Ameise • Klasse 3–4 • Illustrationen: Dorina Tessmann

Dankbar sein

Name: ______________________ Klasse: ____________ Datum: ____________

„Amanda bedankte sich. Sie bedankte sich bei all ihren Untertanen. Sie bedankte sich für deren fleißige Arbeit.“

- Was ist Dankbarkeit?
- Sind „bitte“ und „danke“ nur leere Worte? Oder sollte Dankbarkeit aus dem Herzen kommen?
- Wie sagt man „danke“ in verschiedenen Sprachen?
- Wofür kann oder sollte man dankbar sein?

Sammelt alltägliche Dinge und auch seltene Begebenheiten, für die man dankbar sein kann.

Sprecht gemeinsam in der Klasse darüber und überlegt euch Antworten auf die Fragen.

****

Übung: Bastelt Dankeskarten.

Überlegt gemeinsam, wie ihr diese Karten gestalten wollt. Versucht anschließend, eure Ideen umzusetzen.

Überlegt nun, bei wem ihr euch mit einer solchen Karte bedanken könnt, und auch, wofür ihr euch bedanken möchtet. Ihr könnt es sauber und ordentlich auf die gebastelte Karte schreiben oder euch dabei helfen lassen.

Unterhaltet euch im Nachhinein, wie die Beschenkten auf die Karten reagiert haben. Empfanden sie ihre Tat „nicht der Rede wert“? Waren sie überrascht? Erfreut? Vielleicht auch verlegen?

Habt ihr herausgefunden, dass man auch mit einem „Dankeschön“ jemanden glücklich machen kann?

****

Manche von euch könnten viele Karten verschenken, doch einigen fällt es schwer, jemanden zu finden, dem sie danken wollen. Überlegt dann gemeinsam, welche Situationen im Leben des Dankes wert sind. Sicher fällt euch dann eine passende Person ein.

Ilka Köhler • Fächerübergreifend unterrichten: Die Ameise • Klasse 3–4 • Illustrationen: Dorina Tessmann

Abschlussfest

Name: ______________________ Klasse:____________ Datum: ____________

„Nach dieser Ansprache feierte der Ameisenbau von Königin Amanda ein großes Fest. Alle Ameisen feierten und aßen zusammen. Und zum ersten Mal war in ihrem Bau die Stimmung genauso fröhlich und zufrieden wie sonst nur bei Königin Amelie."

Zu welchen Anlässen wird normalerweise gefeiert? Gibt es noch weitere Möglichkeiten, das Leben und die Gemeinschaft zu feiern? Welche Vorbereitungen sind für ein gelungenes Fest nötig? Worauf legt ihr bei einer kleinen Feier wert? Wie sollten die Aufgaben verteilt werden?

Sprecht gemeinsam in der Klasse darüber und überlegt euch Antworten auf diese Fragen.

****

Übung:

Veranstaltet zum Ende des Projektes ein kleines Abschlussfest wie z. B. ein gemeinsames Frühstück.

Alle Kinder der Klasse sollten etwas dazu beitragen. Verteilt kleinere Aufgaben untereinander. Dies könnte das Mitbringen von „Leckerbissen" sein, aber auch das Ausgestalten des „Festsaals" oder das Decken der gemeinsamen „Festtafel". Denkt dabei auch an etwas festliche Hintergrundmusik.

Wenn ihr möchtet, könnt ihr für dieses Fest auch etwas Eigenes vorbereiten oder mitbringen, um dies der Klasse und eurer Lehrerin zu präsentieren (z. B. ein Lied, etwas Gebasteltes, etwas Gemaltes ...).

Wenn ihr die Möglichkeit habt, könnt ihr außerdem eure Eltern zu diesem Fest einladen und ihnen eure Arbeitsergebnisse aus dem Ameisen-Projekt (Wandzeitung, Gemeinschaftspuzzle) präsentieren.

****

Auch mit dieser Übung stärkt ihr den Zusammenhalt innerhalb der Klasse. Ein gemeinsames Fest verbindet und ihr erfahrt: „Gemeinsam können wir etwas erleben."

Viel Spaß beim Feiern!

Ilka Köhler • Fächerübergreifend unterrichten: Die Ameise • Klasse 3–4 • Illustrationen: Dorina Tessmann

Kontrollbogen Deutsch/Sachkunde

Name: ______________________ Klasse: __________ Datum: __________

KV		erledigt am / Unterschrift
2	Deckblatt Projektmappe	
3	Partnerlesen	
4	Satzpuzzle	
5	Lückentext	
6	Rückwärtstext	
7	Verben	
8	Schleichdiktat	
9	Zwillingssätze	
10	Freies Schreiben 1	
11	Schlangensätze	
12/1+2	Sinnerfassendes Lesen 1+2	
13	Freies Schreiben 2	
14	Adjektive	
15	Substantive	
16/1	Sachtext	
16/2	Ameisenquiz	
17/1+2	Die Entwicklung der Ameise 1+2	
18	Der Körper einer Ameise	
19	Die Aufgaben einer Arbeiterin	
20	Die Nahrung der Ameise	
21	Wusstest du schon …?	

Beobachtungsbogen Sozialkompetenz

Name: ______________________ Klasse: __________ Datum: __________

Name:	**sehr gut**	**gut**	**etwas**	**gar nicht**
… kann sich an die besprochenen Gesprächsregeln halten.				
… ist in der Lage, ihre/seine Meinung zu äußern und zu begründen.				
… ist in der Lage, ihre/seine Stärken einzuschätzen.				
Stärken sind:				
… ist in der Lage, ihre/seine vermeintlichen Schwächen einzuschätzen.				
Vermeintliche Schwächen sind:				
… kann situationsabhängig freundlich mit ihren/seinen Mitmenschen umgehen.				
… bietet ihren/seinen Mitschülerinnen und Mitschülern Hilfe an, wenn diese benötigt wird.				
… ist in der Lage, Hilfe von ihren/seinen Mitschülerinnen und Mitschülern anzunehmen.				
… ist in der Lage, verschiedenen Gesichtsausdrücken Gefühle zuzuordnen.				
… ist in der Lage, ihre/seine Gefühle zu benennen und sie angemessen zu äußern.				
… interagiert in der Regel positiv mit der Mehrzahl ihrer/seiner Mitmenschen.				
… kennt verschiedene Vorteile einer Gemeinschaft.				
… ist in der Lage, gemeinsam mit anderen in einer Gruppensituation zu arbeiten.				
… ist in der Lage, die Arbeit ihrer/seiner Mitschülerinnen und Mitschüler anzuerkennen				
… verwendet im täglichen Miteinander die Wörter „bitte“ und „danke“.				
… beteiligt sich bereitwillig an den gemeinsamen Aufgaben und Vorbereitungen für das Abschlussfest.				

Urkunde

Hiermit bescheinige ich, dass

____

durch ausgezeichnete Cleverness und hervorragenden Teamgeist dafür gesorgt hat, unseren Ameisenbau wieder fröhlicher und zufriedener zu gestalten.

Vielen Dank für deine tolle Hilfe!

Gezeichnet:

Ameisenkönigin Amanda

____________________, den ____________

Ilka Köhler • Fächerübergreifend unterrichten: Die Ameise • Klasse 3–4 • Illustrationen: Dorina Tessmann

LÖSUNGEN

zu KV 4 „Satzpuzzle“:

Neidisch blickte Amanda immer wieder zu dem Nachbarbau von Königin Amelie hinüber.
Viel größer war der, und ihr schien, als wären die Arbeiterinnen dort viel fleißiger.
Außerdem wuchsen dort auch deutlich mehr Babys heran.
Und jeder Untertan mehr konnte auch mehr arbeiten.
Königin Amanda verstand das nicht.
Schließlich aß sie selbst nur das beste und feinste Futter.
Sie ließ nur den traurigen Rest für ihre Arbeiterinnen übrig.
Wieso also bekam Amanda nicht mehr Babys?

zu KV 5 „Lückentext“:

Hunger – Magen – stark – weniger – Bau – dachte – besser – konnte – beschimpft – gelobt – kümmerte – wusste – kannte – sagte

zu KV 6 „Rückwärtstext“:

Eines Tages trafen sich die Ameisen von Amanda und Amelie bei der Nahrungssuche. Erstaunt sahen die Ameisen von Königin Amanda, wie fröhlich, stark und schnell die fremden Arbeiterinnen waren. Traurig, müde und abgehungert zerrten sie selbst noch an einem Gummibärchen herum. Die fremden Ameisen schnappten sich einfach eines und flitzten davon. Andere Arbeiterinnen von Königin Amelie begannen inzwischen, sich mit den keuchenden Arbeiterinnen von Amanda zu unterhalten.
Amelies Ameisen konnten kaum glauben, was sie hörten. Sie waren sich einig, so konnte es nicht weitergehen. Ihr denkt jetzt vielleicht, na dann sollen doch einfach alle Ameisen von der ollen Amanda zu der netten Amelie krabbeln und dort wohnen und arbeiten. Aber ihr müsst wissen, die Ameisen sind ein sehr treues Volk. Keine verlässt jemals ihre Königin. Und wenn die Königin stirbt, sterben die Untertanen mit ihr.

zu KV 7 „Verben“:

brauchten – brauchen / überlegten – überlegen / berieten – beraten / halfen – helfen / hatten – haben / waren – sind / kamen – kommen

zu KV 9 „Zwillingssätze“:

nicht – viel / Gelächter – Gemaule / Lieder – Lügen / furchtbar – wunderbar / viel – wenig / nicht – gut / mehr – weniger / Doch – Aber / freundlich – höflich / armen – artigen / große – wenig sehr – kaum / nicht – tatsächlich / unfreundliche – freundliche / unfreundlich – freundlich / schlechten – guten / genommen – gezeigt / nicht – gerne

zu KV 11 „Schlangensätze":

Doch noch war die Stimmung längst nicht so gut wie in Königin Amelies Bau.
Königin Amelie riet Amandas Arbeiterinnen, ein Fest zu veranstalten.
Ein Fest zu Ehren Königin Amandas.
Das sollte helfen?
Verwundert blickten sich Amandas Untertanen an.
Wozu denn ein Fest?
Aber Amelie erklärte ihnen, dass Amanda dadurch bemerken würde, wie wichtig alle zusammen sind.
Jeder ist etwas ganz Besonderes.
Aber so etwas Großes wie einen Ameisenbau kann niemand allein schaffen.

zu KV 12/2 „Sinnerfassendes Lesen 2":

1.(b), 2.(c), 3.(a), 4.(a), 5.(c), 6.(c), 7.(c), 8.(b)

zu KV 16/2 „Ameisenquiz":

wirbellosen – sechs – Staat bilden – Königin – Arbeiterinnen – Drohnen – Königin – Nachkommen – Arbeitsameisen – unterhalten – Duftspur

zu KV 17/2 „Entwicklung der Ameise 2":

1, Eier, Nest, einspeicheln 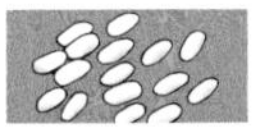

2, Larvenstadium, Körperhülle, gelblichweiß 

3, Verpuppung, Kokon, keine Nahrung 

4, Imago, Panzer, vollständig entwickelt 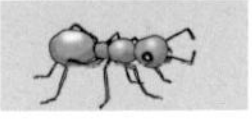

zu KV 18 „Der Körper einer Ameise":

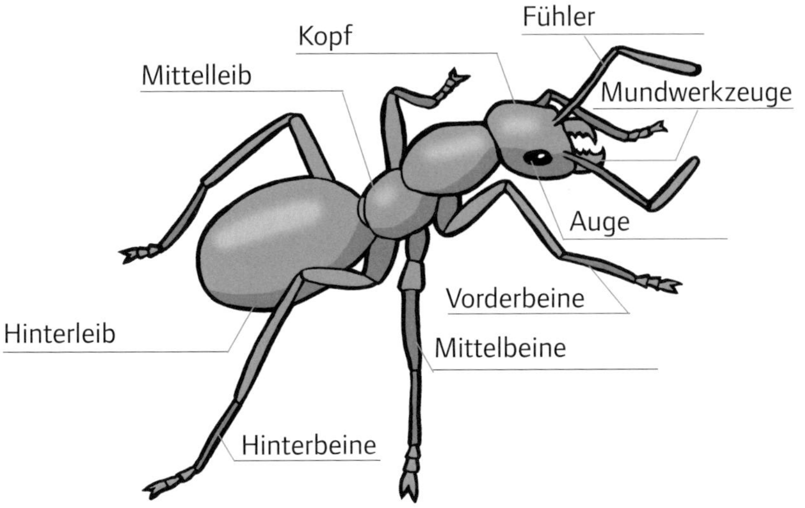

zu KV 19 „Die Aufgaben einer Arbeiterin“:

- Brutpflegeameisen: Sie pflegen und füttern den Nachwuchs.
- Beutezerlegerinnen: Sie zerlegen die Beute der Jägerinnen für eine möglichst platzsparende Lagerung.
- Jägerinnen: Sie erbeuten das Futter für die Ameisen.
- Nestreinigerinnen: Sie reinigen das Nest und säubern die Brutkammer nach dem Schlüpfen.
- Melkerinnen: Sie melken den Honigtau von den Blattläusen.
- Königinpflegerinnen: Sie pflegen und füttern die Ameisenkönigin.
- Wächterinnen: Sie beschützen den Bau vor Feinden und fremden Ameisen.
- Sammlerinnen: Sie sammeln Nahrung für den Bau und lagern diese ein.
- Weckerinnen: Sie wecken nach der Winterruhe den gesamten Ameisenstaat.

zu KV 20 „Die Nahrung der Ameisen“:

Honigtau, Käfer, Zucker, Samen, Sirup, Schnecken, Honig, Spinnen, Obst, Fliegen